sukuu - escuela	2
akwantuo - viaje	5
akɔneabadie - transporte	8
kuro kɛseɛ - ciudad	10
mmɔnten so asiesie - paisaje	14
adidibea - restaurante	17
sotɔɔpɔn - supermercado	20
nsa - bebida	22
aduane - comida	23
afuo - granja	27
efie - casa	31
asaso - cuarto de estar	33
mukaase - cocina	35
adwareɛ - cuarto de baño	38
nkwadaa dan mu - cuarto de los niños	42
ntaadeɛ - vestimenta	44
asoeɛ - oficina	49
ɔman sikasɛm - economía	51
nwuma ahodoɔ - ocupaciones	53
anwenade - herramientas	56
nneɛma a yɛde bɔ nwom - instrumentos musicales	57
zoo - zoológico	59
agokansie - deporte	62
nwumadie - actividades	63
abusua - familia	67
nipadua - cuerpo	68
ayaresabea - hospital	72
putupru - emergencia	76
Ewiase - Tierra	77
klɔko - reloj	79
nnawɔtwe - semana	80
afe - año	81
abosuo - formas	83
ahosoɔ - colores	84
abirabɔ - opuestos	85
nɔma - números	88
kasa ahodoɔ - idiomas	90
hwan / deɛ bɛn / ɛyɛ deɛn - quién / qué / cómo	91
ɛhen - donde	92

Impressum
Verlag: BABADADA GmbH, Nedderfeld 112 , 22529 Hamburg
Geschäftsführer / Verlagsleitung: Harald Hof
Druck: Books on Demand GmbH, In de Tarpen 42, 22848 Norderstedt

Imprint
Publisher: BABADADA GmbH, Nedderfeld 112 , 22529 Hamburg, Germany
Managing Director / Publishing direction: Harald Hof
Print: Books on Demand GmbH, In de Tarpen 42, 22848 Norderstedt, Germany

sukuu

escuela

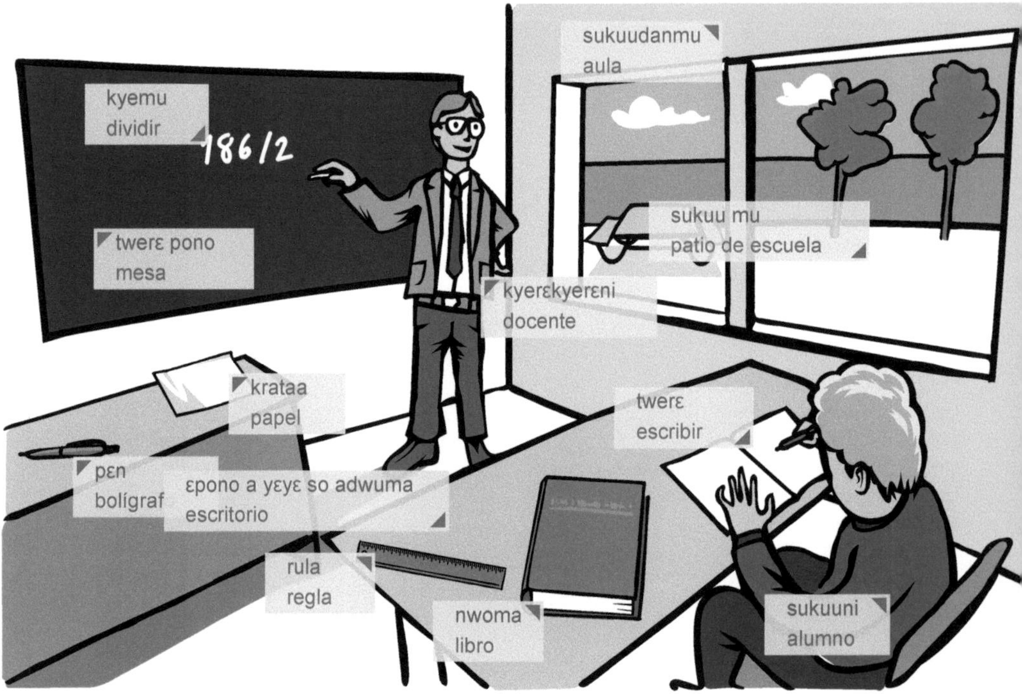
sukuudanmu
aula
kyemu
dividir
186/2
twerɛ pono
mesa
sukuu mu
patio de escuela
kyerɛkyerɛni
docente
krataa
papel
twerɛ
escribir
pɛn
bolígraf
ɛpono a yɛyɛ so adwuma
escritorio
rula
regla
nwoma
libro
sukuuni
alumno

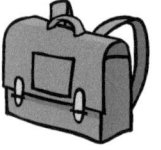

baage

mochila escolar

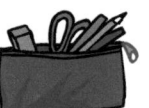

twerɛdua konko

caja de lápices

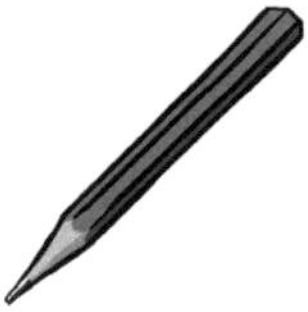

twerɛdua

lápiz

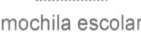

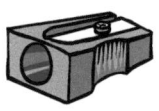

deɛ yɛde sensen twerɛdua ano

sacapuntas

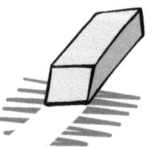

rɔba

goma de borrar

krataa a yɛdwi adeguso

bloc de dibujo

adedwie

dibujo

penti brɔhye

pincel

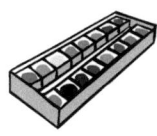

penti adaka

caja de pinturas

apasɔɔ

tijera

aman

pegamento

nwoma a yɛyɛ mu adwuma

libro de ejercicios

efie adwuma

tarea

nɔma

número

kabom

sumar

te fri mu

restar

mmɔho

multiplicar

sese

calcular

lɛtɛ

letra

ntwerɛeɛ

alfabeto

asɛmfua

palabra

ntwerɛdeɛ

texto

kenkan

leer

kyɔk

tiza

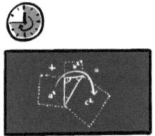

adesua

lección

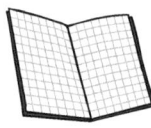

twerɛ wo din

libro de clase

nsɔhwɛ

examen

abodinkrataa

certificado

sukuu ataadeɛ

uniforme escolar

adesua

educación

nyansa nwoma

enciclopedia

suapɔn

universidad

maakroskop

microscopio

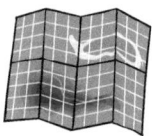

map

mapa

kɛntɛn a yɛde krataa nwura
gu mu

cesto de papeles

4

akwantuo
viaje

ahɔhogyebea
hotel
Grand
hostɛl
albergue
ROOMS
baabi a yɛ sesa sika
casa de cambio
EXCHANGE
potomanto
maleta
kaa
auto

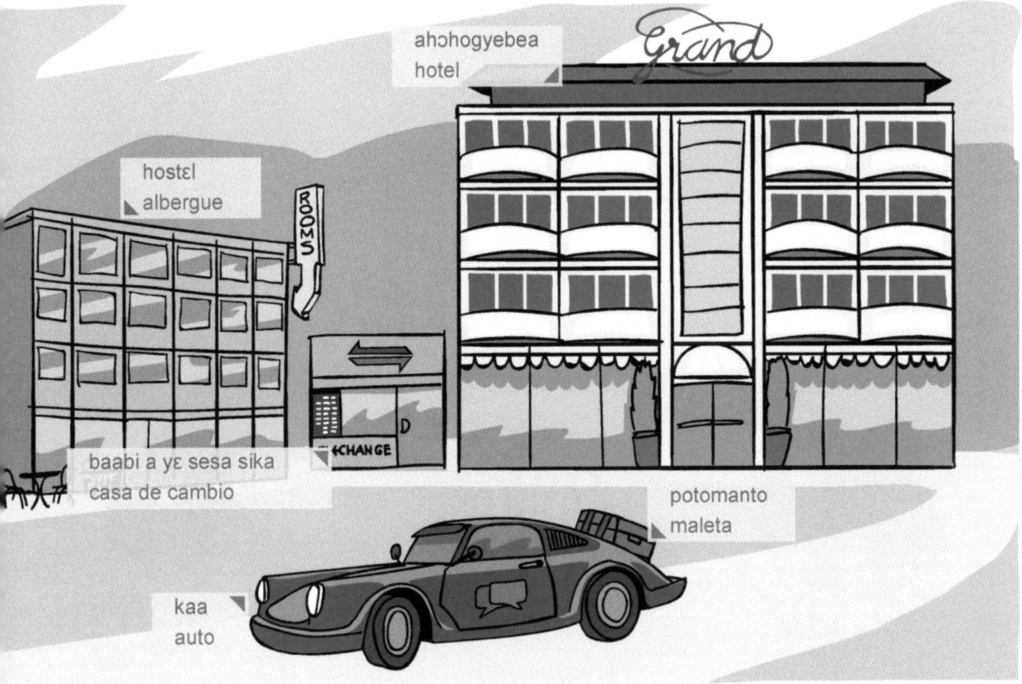

kasa
idioma

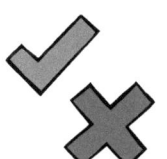

aane / dabi
sí / no

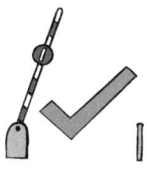

Yoo
ok

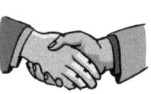

hɛlo
hola

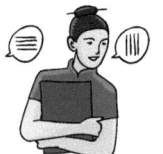

kasa asekyerɛfoɔ
intérprete

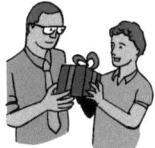

Medaase
gracias

...bɔɔ yɛ sɛn?

¿Cuánto cuesta...?

Me nte aseɛ

No entiendo

ɔhaw

problema

Maadwo!

¡Buenas tardes!

Maakye!

¡Buenos días!

Dayie!

¡Buenas noches!

baibai o

adiós

akwankyerɛ

dirección

wo nneɛma

equipaje

bɔtɔ

bolso

akyirebɔtɔ

mochila

ɔhɔhoɔ

invitado

danmu

cuarto

bɔtɔ a yɛda mu

saco de dormir

ntomadan

tienda de campaña

nsɛm dema wɔn a wɔkɔ
nsrahwɛ
información al turista

mpoano
playa

kaade a yɛde yi sika
tarjeta de crédito

anɔpa aduane
desayuno

awua aduane
almuerzo

anwumerɛ aduane
cena

tiket
pasaje

pegya
ascensor

stamp
sello

ɛhyeɛ so
límite

kutɔmfoɔ
aduana

embasi
embajada

visa
visa

passpɔt
pasaporte

ewiemhyɛn
avión

suhyɛn
barco

afidie no so engine
coche de bomberos

bɔs
bus

lɔre
camión

maa a moto bɔ ho
ɔotor

sakre
bicicleta

kaa
auto

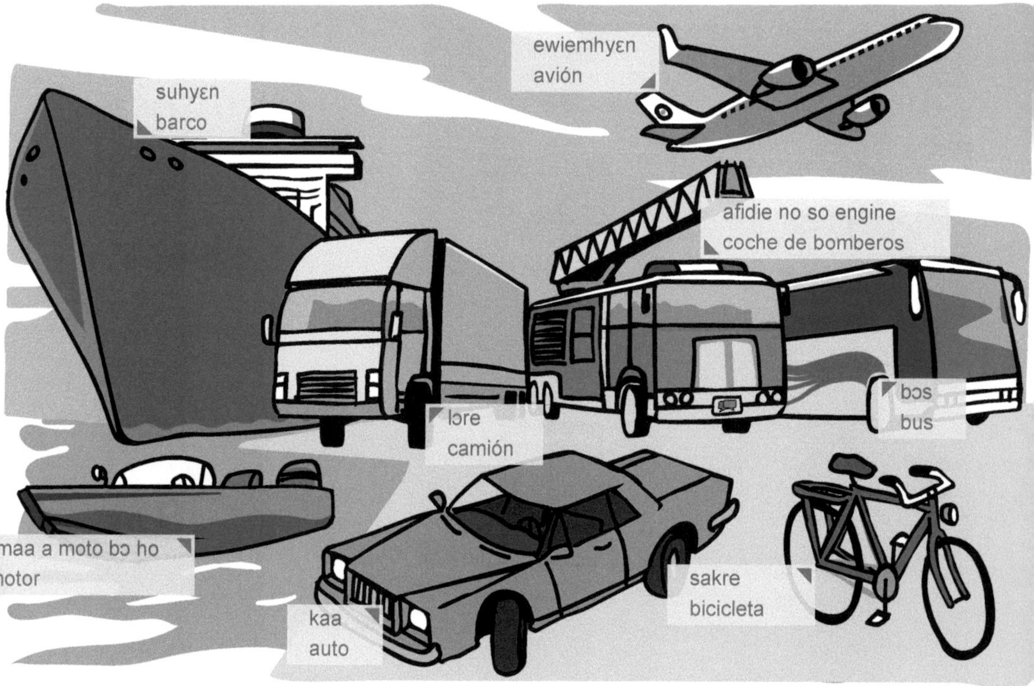

hyɛma
balsa

suhyɛn kumaa
lancha

motosakre
motocicleta

polisifoɔ kaa
auto de policía

kaa a ɛkɔ mirika akansie
auto de carreras

kaa a yɛde ma ahan
auto de alquiler

wɔre kyɛ kaa

alquiler de autos

lɔre a asɛeɛ

grúa

bɔɔla kaa

vehículo recolector de basura

moto

motor

pɛtro

gasolina

baabi a yɛbu pɛtro

gasolinera

trafik ahyɛnsodeɛ

señal de tráfico

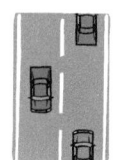

trafik

tránsito

trafik akye

atasco

baabi a yɛde kaa esi

estacionamiento

keteke gyinabea

estación de tren

keteke kwan

carril

keteke

tren

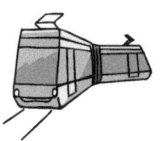

tram

tranvía

ponkɔ kaa

vagón

helikopta

helicóptero

ewiemhyɛnbea

aeropuerto

abansoro

torre

apasingyani

pasajero

tontowa

contenedor

adaka

caja de cartón

kaate

carro

kɛntɛn

cesta

atu / asi fam

despegar / aterrizar

kuro kɛseɛ

ciudad

akurase

aldea

kuro dwaberɛ mu

centro de la ciudad

efie

casa

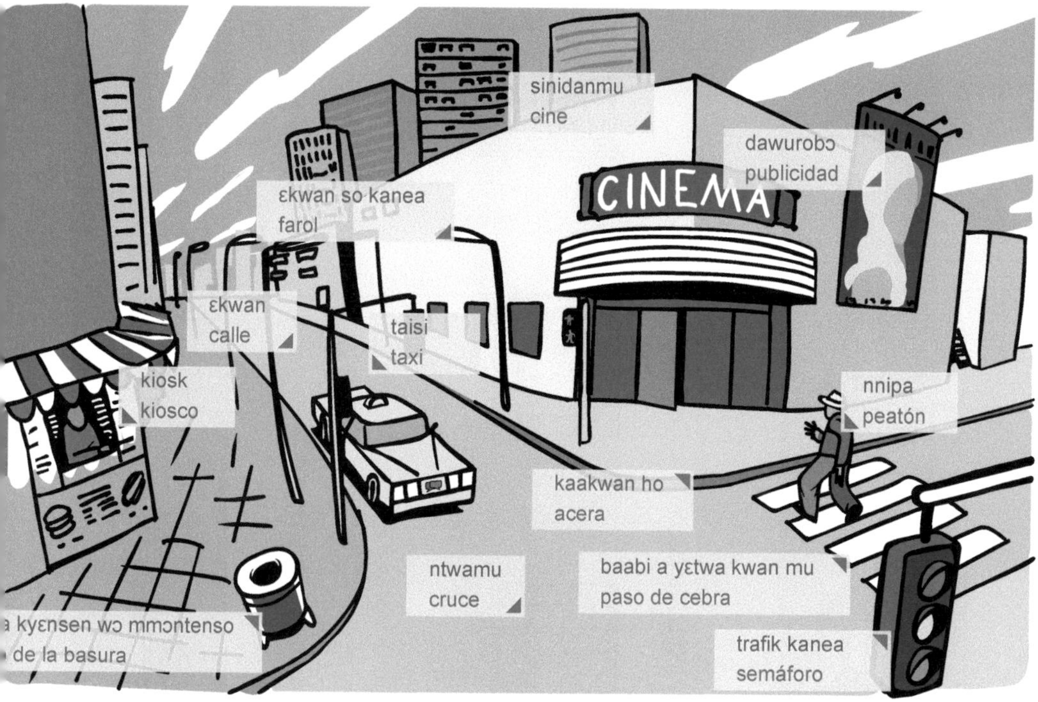

sinidanmu
cine

dawurobɔ
publicidad

ɛkwan so kanea
farol

CINEMA

ɛkwan
calle

taisi
taxi

nnipa
peatón

kiosk
kiosco

kaakwan ho
acera

ntwamu
cruce

baabi a yɛtwa kwan mu
paso de cebra

a kyɛnsen wɔ mmɔntenso
de la basura

trafik kanea
semáforo

apata
cabaña

efie
apartamento

keteke gyinabea
estación de tren

adwaberɛm
ayuntamiento

bea a yɛ kora tete nneɛma
museo

sukuu
escuela

suapɔn

universidad

sikakrobea

banco

ayaresabea

hospital

ahɔhogyebea

hotel

famasi

farmacia

asoeɛ

oficina

sotɔɔ a wɔtɔn nwoma

librería

sotɔɔ

negocio

baabi yɛtɔn nhwiren

florería

sotɔɔpɔn

supermercado

edwam

mercado

sotɔɔ kɛseɛ

grandes almacenes

baabi a yɛtɔn mpataa

pescadería

dwadibea kɛseɛ

centro comercial

suhyɛn gyinabea

puerto

baabi kaa gyina

parque

bɛnkye

banco

ɛtwene

puente

atwedeɛ

escalera

asaase ase

metro

ɛbɔn

túnel

baabi a bɔs gyina

parada de autobuses

nsanombea

bar

adidibea

restaurante

lɛta adaka

buzón de correo

ɛkwan so akwankyerɛ

letrero

baabi kaa gyina ho mita

parquímetro

zoo

zoológico

nsuo a yɛ dware mu

piscina

nkramodan

mezquita

afuo
....
granja

deɛ egu mmɔnten so fi
....
polución

asieɛ
....
cementerio

asɔre
....
iglesia

agodibea
....
parque infantil

asɔre dan
....
templo

mmɔnten so asiesie

paisaje

ahaban
hoja

sanbɔd
indicador de camino

kwan
sendero

asaase a ɛsere wɔ so
pradera

boba
piedra

ɔnantefoɔ
caminante

dua
árbol

asubɔnten
río

ɛsereɛ
pasto

nhwiren
flor

amenamu
valle

bepɔ
montaña

tadeɛ
lago

kwaeɛ
bosque

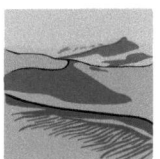

ɛserɛ so
desierto

egya a efri botan mu
volcán

abankɛseɛ
castillo

nyankontɔn
arco iris

emere
seta

abɛtene
palmera

ntomntom
mosquito

tu
mosca

ntɛtea
hormiga

wowa
abeja

ananse
araña

amankuo

escarabajo

apɔnkyerɛni

rana

opuro

ardilla

apɛsɛ

erizo

adanko

liebre

patuo

lechuza

anomaa

pájaro

nsuo mu dabodabo

cisne

kɔkɔte

jabalí

adoa

ciervo

ɔtweenini

alce

dam

embalse

wind turbine afidie

aerogenerador

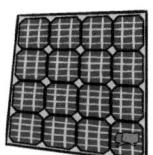

afidie a ɛkye awia

módulo solar

wiem nsakraeɛ

clima

ɔsom adidieɛ
camarero

aduane a ɛwɔ hɔ
carta del menú

akonwa
silla

nkwan
sopa

pisa
pizza

ntere a yɛde didi
cubiertos

ntoma a ɛse pono so
mantel

mprampra anom

entrada

aduane no ankasa

plato principal

mpa anom

postre

nsa

bebida

aduane

comida

toa

botella

aduane hyewhyew

comida rápida

abɔnten so aduane

comida callejera

tii kukuo

tetera

asikyire konko

azucarera

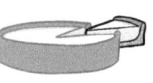

wo kyɛfa

porción

espresso afidie

máquina de espresso

akonwa tenten

silla alta

wo ka

factura

apanpan

bandeja

sekan

cuchillo

adinam

tenedor

atere

cuchara

atere ketewa

cuchara de té

napkin a yɛde pepa ano

servilleta

glase

vaso

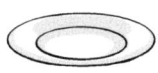

prɛte

plato

kwan kyɛnsee

plato de sopa

prɛte ketewa

platillo

abomu

salsa

nkyene kukuo

salero

yɛde yam mako

molinillo para pimienta

fenega

vinagre

anwa

aceite

aduhwam

especias

kɛkyɔp

ketchup

mustad

mostaza

mayones

mayonesa

sotɔɔpɔn

supermercado

ntesoɔ soronko
oferta
FOR
adetɔfoɔ
cliente
nanatwie nufusuo
productos lácteos
aduaba
fruta
hwiili
carrito de compras

BUTCHERS

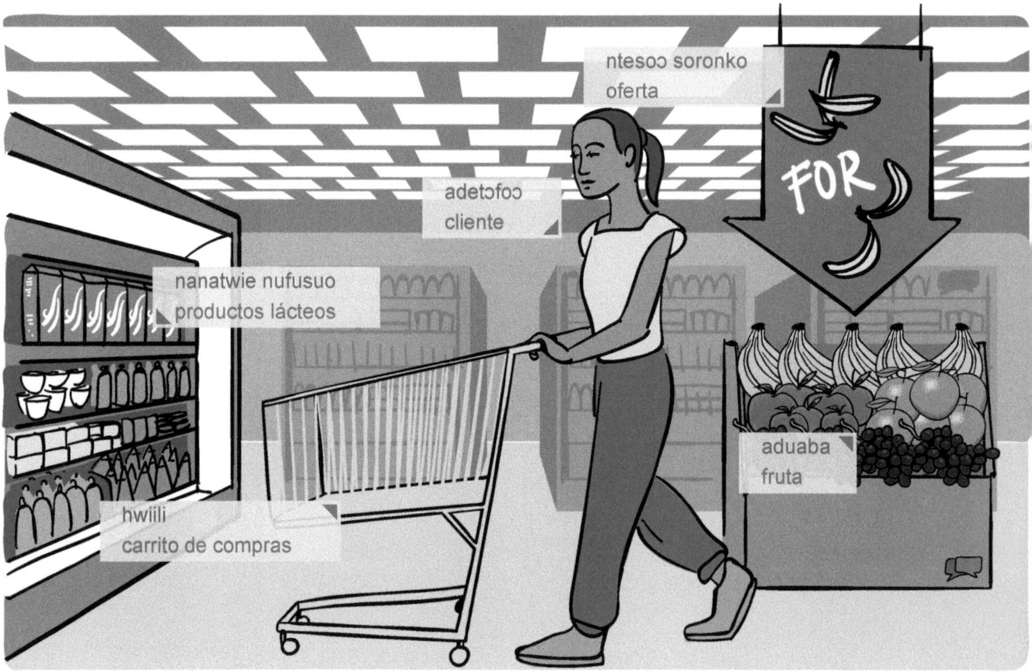

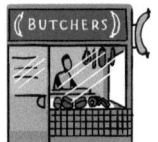

baabi a yɛtɔn nam

carnicería

BAKERY

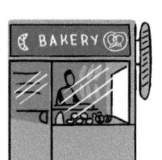

baabi a yɛtɔn paano

panadería

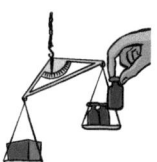

susu

pesar

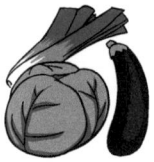

atosodeɛ

verdura

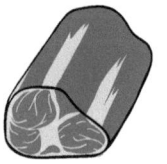

nam

carne

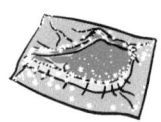

frigyemu aduane

alimentos congelados

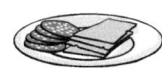

nam a adwɔɔ

fiambre

kyɛnsee mu aduane

conservas

paoda samena

detergente en polvo

adedɔkɔdɔkɔ

dulces

efie nneɛma

artículos domésticos

adetɔneɛ a yɛde pepa fin

productos de limpieza

nnipa a ɔtɔn adeɛ

vendedora

afidie a egye sika

caja

ɔgyegye sika

cajero

krataa a wodi rekɔ di dwa

lista de compras

berɛ a wɔde bua

horario de atención

sikabotɔ

cartera

kaade a yɛde yi sika

tarjeta de crédito

baage

maleta

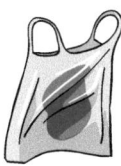

rɔba baage

bolsa plástica

nsuo

agua

aduaba mu nsuo

jugo

nufusuo

leche

kok

refresco de cola

wain nsa

vino

biya

cerveza

mmorosa

alcohol

kokoo

cacao

tii

té

kofe

café

espresso

espresso

kapukyino

cappuccino

kwadu

banana

apol

manzana

ankaa

naranja

melon

sandía

akutɔ

limón

karɔt

zanahoria

garlik

ajo

pampro

bambú

gyeene

cebolla

mmere

seta

nkateɛ

nueces

talia

fideos

spageti

espagueti

ɛmo

arroz

salad

ensalada

kyipis

patatas fritas

abrɔdwomaa a y'akye

patatas salteadas

pisa

pizza

hambɔga

hamburguesa

sanwekye

sándwich

nam a dompe nnim

escalope

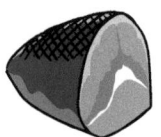

preko nam

jamón

nam a y'ahata

salame

sɔsege

embutido

akokɔ

pollo

toto

asado

apataa

pescado

oosu koko

copos de avena

muesli

musli

konflese

copos de maíz tostado

esam

harina

krossant

croissant

paano a y'aboba

panecillo

paano

pan

paano a y'atoto

tostada

biskete

galletas

bota

mantequilla

nufusuo a ada

cuajada

keeke

pastel

kosua

huevo

kosua a y'akyeɛ

huevo frito

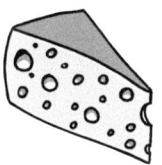

kyiis

queso

asskrim

helado

asikyire

azúcar

ɛwoɔ

miel

gyaam

mermelada

kyokolete

praliné

kɔri

curry

afuo

granja

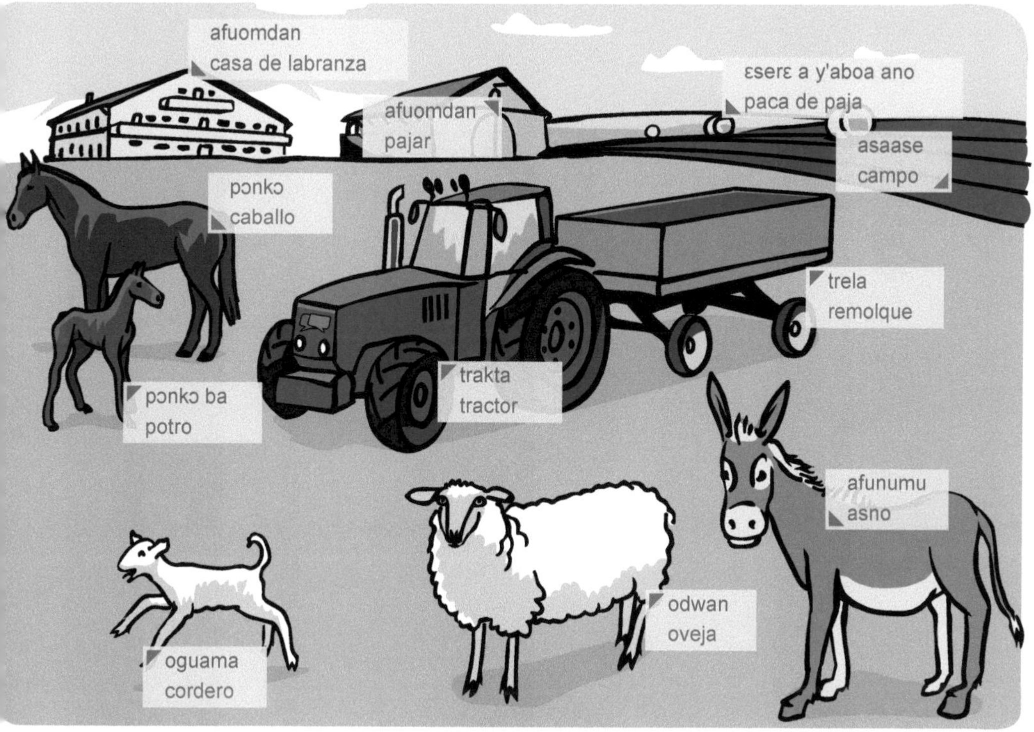

afuomdan
casa de labranza
afuomdan
pajar
ɛserɛ a y'aboa ano
paca de paja
asaase
campo
pɔnkɔ
caballo
trela
remolque
trakta
tractor
pɔnkɔ ba
potro
afunumu
asno
odwan
oveja
oguama
cordero

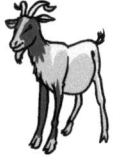

apɔnkye
cabra

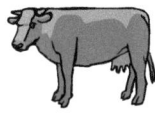

nantwie
vaca

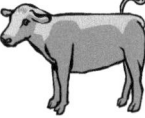

nantwie ba
ternero

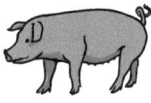

prɛko
cerdo

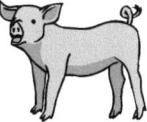

prɛko ba
lechón

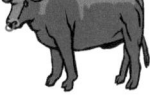

nantwinini
toro

dabodabo nua

ganso

dabodabo

pato

akokɔba

polluelo

akokɔbedeɛ

pollo

akokɔnini

gallo

kusie

rata

ɔkra

gato

akura

ratón

nantwinini

buey

kraman

perro

kraman buo

caseta del perro

afuom drobɛn

manguera de riego

tontora a yɛde gu nsuo

regadera

sekan a yɛde twa aburo

guadaña

funtum dadeɛ

arado

kↄntↄnkrↄ

hoz

asↄ

azada

afuom adinam

bieldo

akuma

hacha

hweebaro

carretilla

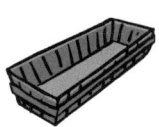

adidika

abrevadero

nufusuo konko

lechera

bↄtↄ

saco

ɛban

cerca

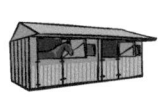

pↄnkↄ dan

establo

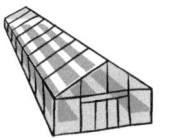

ntomadan a yɛyɛ mu afuo

invernadero

anwea

suelo

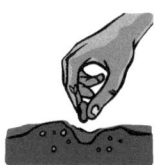

aba

semilla

ↄyɛ asaaseyie

fertilizante

otwaberɛ trakta

cosechadora

twa

cosechar

otwaberɛ

cosecha

bayerɛ

raíz de ñame

ayuo

trigo

soya

soja

abrɔdwomaa

patata

aburo

maíz

repu aba

colza

dua a ɛso aba

Árbol frutal

bankye

mandioca

aburo asefoɔ

cereales

efie

casa

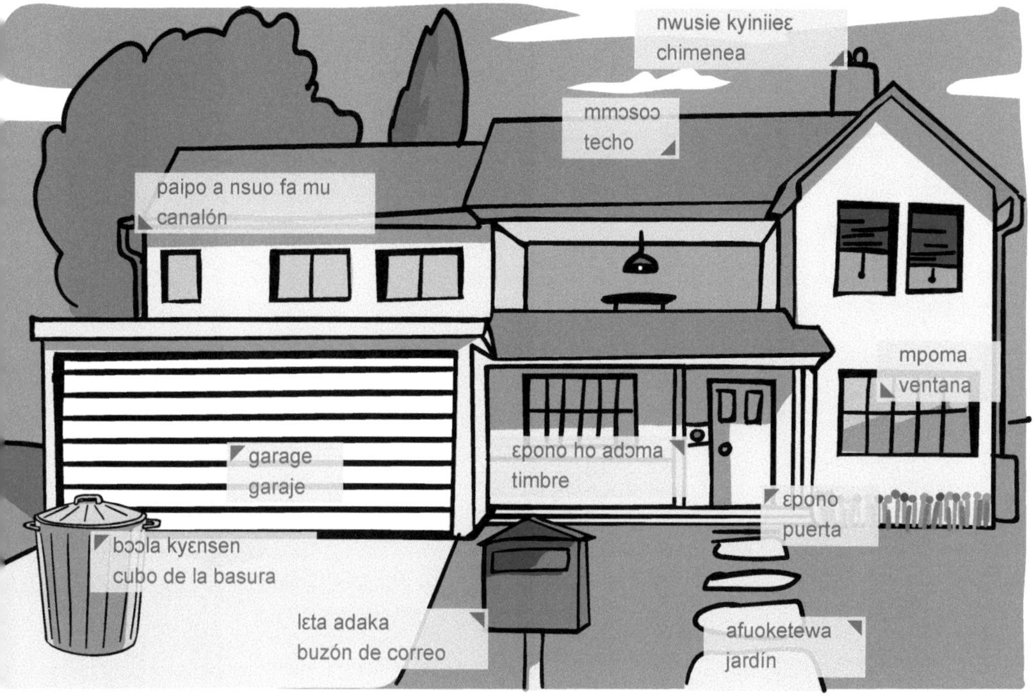

nwusie kyiniieɛ
chimenea
mmɔsoɔ
techo
paipo a nsuo fa mu
canalón
mpoma
ventana
garage
garaje
ɛpono ho adɔma
timbre
ɛpono
puerta
bɔɔla kyɛnsen
cubo de la basura
lɛta adaka
buzón de correo
afuoketewa
jardín

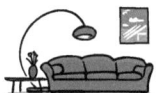

asaso
cuarto de estar

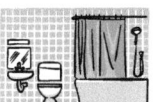

adwareɛ
cuarto de baño

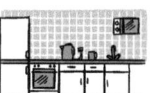

mukaase
cocina

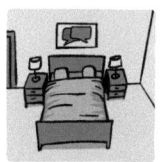

pie mu
dormitorio

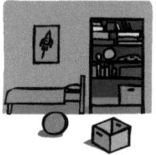

nkwadaa dan mu
cuarto de los niños

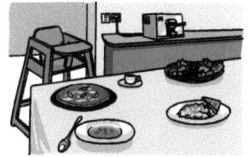

dan a yɛdidi mu
comedor

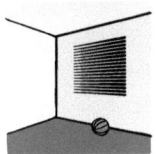

ɛfam
piso

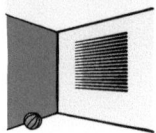

ɛban
pared

abruuso
cielorraso

danbloo
sótano

adwereɛ a ɛbɔ ɔhyew
sauna

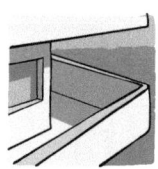

abranaa
balcón

abranaaso
terraza

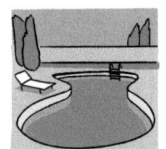

nsuo a yɛdware mu
piscina

afidie a yɛde dɔ
cortacésped

nsɛfam
funda nórdica

ntoma a ɛse kɛtɛ so
edredón

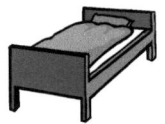

mpa
cama

prayɛ
escoba

bokiti
cubo

dane
interruptor

asaso

cuarto de estar

krataa a ɛfam dan ho
papel para empapelar
nfonin
imagen
kanea
lámpara
kɔbɔd
estante
kɔbɔd adaka
gabinete
tiivi
televisor
egya dabrɛ
hogar
nhwiren
flor
kuhyɛn
cojín
akonwa kɛseɛ
sofá
kukuo a nhwiren hye mu
florero
remote
control remoto

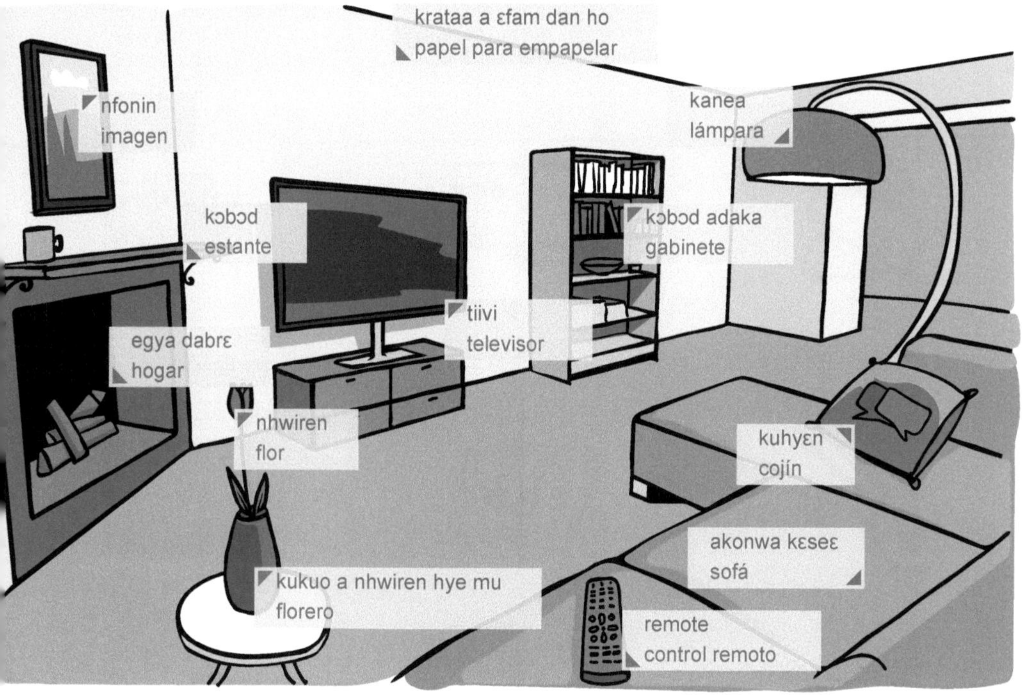

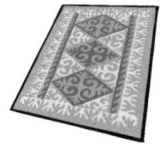

kapɛte

alfombra

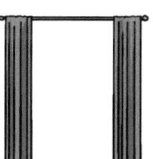

ntwaa dan mu

cortina

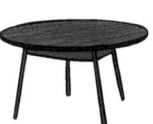

ɛpono

mesa

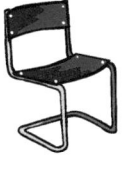

akonwa

silla

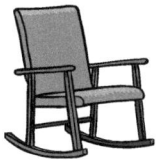

akonwa a ehinhim

mecedora

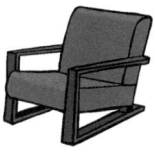

akonwa a yɛgyegye dan

sillón

nwoma

libro

kuntu

frazada

dan mu nsiesie

decoración

egya

leña

sini

film

wailɛs

equipo estereofónico

safoa

llave

koowaa krataa

periódico

nfonin a y'adwi

cuadro

nfam danho

póster

radio

radio

krataa a yɛ twere mu

bloc de notas

afidie a ɛprapra

aspiradora

kaktus

cactus

kyɛnere

vela

mukaase
cocina

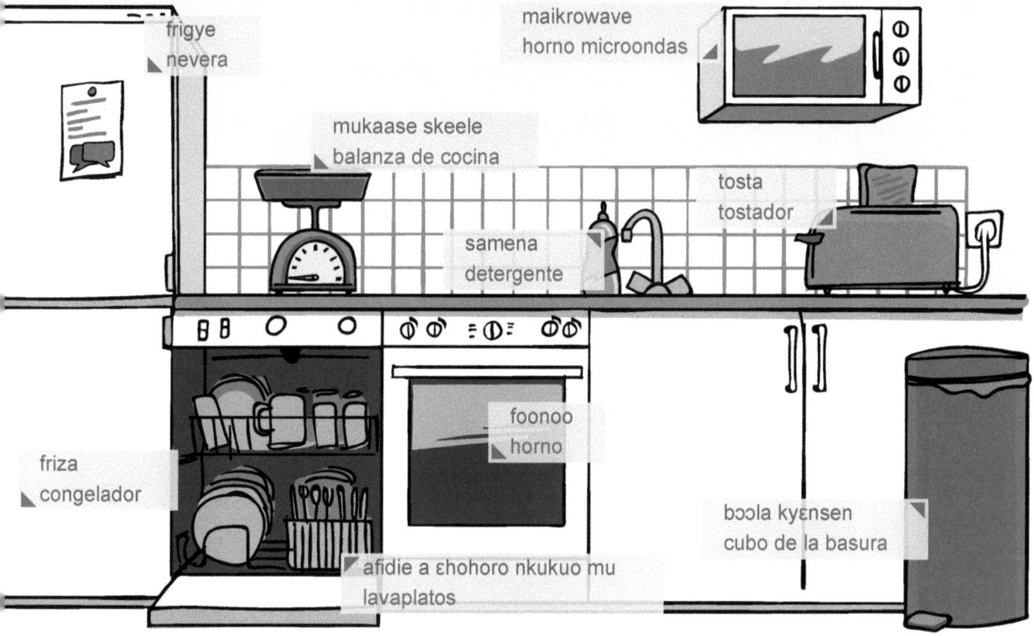
frigye
nevera
maikrowave
horno microondas
mukaase skeele
balanza de cocina
tosta
tostador
samena
detergente
foonoo
horno
friza
congelador
bɔɔla kyɛnsen
cubo de la basura
afidie a ɛhohoro nkukuo mu
lavaplatos

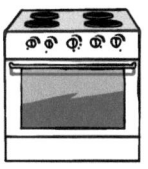

abɛɛfo bukyea

cocina

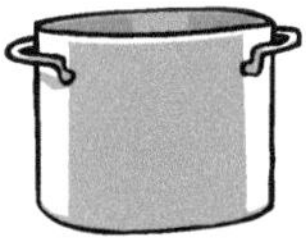

kokuo

olla

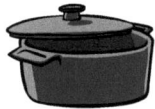

dadesɛn

olla de fundición de hierro

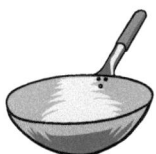

wok / kadai

wok / kadai

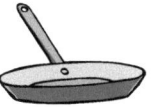

kyɛnsee

sartén

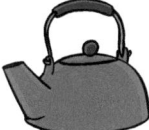

nsuo hyeɛ afidie

hervidor de agua

stiima

olla de vapor

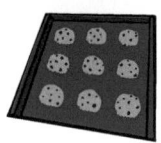

apa a yɛ to so adeɛ

bandeja de horno

prɛte, kuruwa, ntere ne nea
ɛkeka ho

vajilla

kuruwa a etumi bɔ

vaso

kyɛnsee

bol

nnua a yɛde didi

palillos para comer

kwantre

cucharón de sopa

dua atere

espátula

yɛde nu adeɛ mu

batidor

sɔneɛ

colador

fefe

cedazo

greta

rallador

waduro

mortero

kyinkyinga

parrillada

bukyea

fogata

ɛpono a yɛ twitwaso adeɛ

tabla de picar

ɛta

rodillo

deɛ yɛtu nsa so

sacacorchos

konko

lata

deɛ yɛde bue konko so

abrelatas

yɛde sɔ kukuo mu

agarrador

sink

fregadero

brɔhye

cepillo

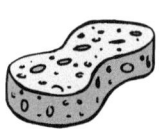

sapɔ

esponja

aduane yam fidie

batidora

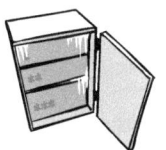

friza nini

arcón congelador

toa a abɔdoma nom ano

biberón

paipo

grifo

adwareɛ

cuarto de baño

ɔhyewbɔ
calefacción
hyawa
ducha
bɔɔloba
toalla
ntoma etwa hyawa mu
cortina para ducha
ahuro a yɛdware mu
baño de espuma
pan a yɛdware mu
bañera
glase
vaso
afidie a esi nnɛma
lavadora
paipo
grifo
tiailse
baldosa
kuraba
orinal
sink
fregadero

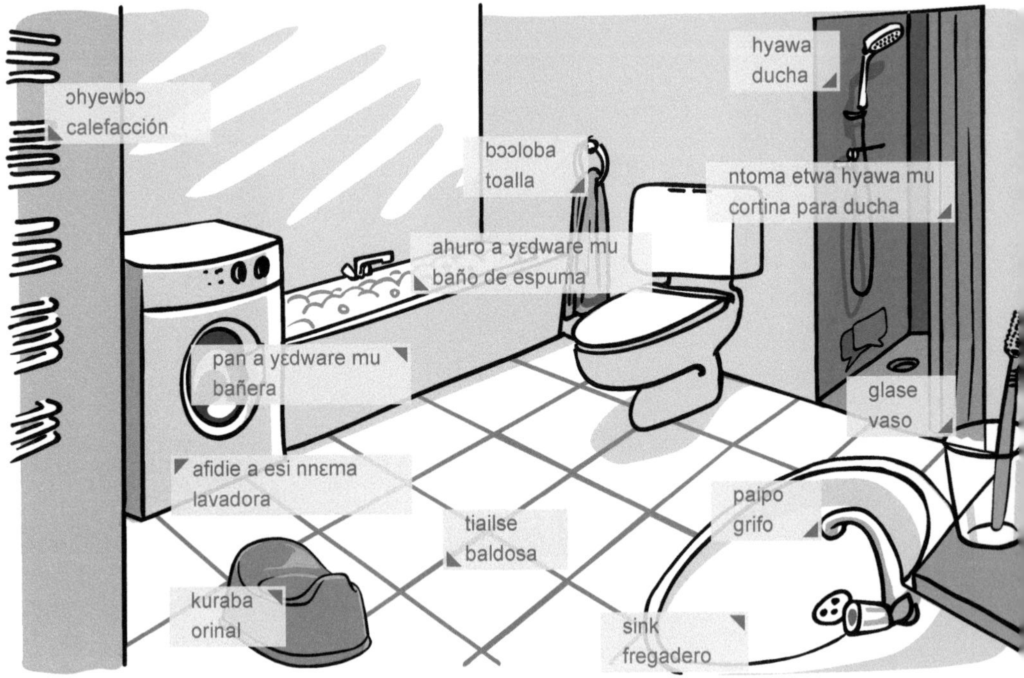

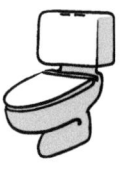

teɛfi
....
cuarto de baño

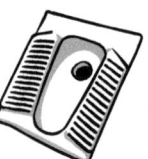

teɛfi a yɛ koto so
....
placa turca

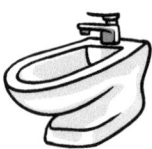

bidet teɛfi
....
bidé

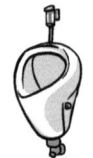

dwonsɔ dan
....
urinario

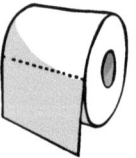

teɛfi so krataa
....
papel higiénico

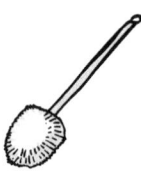

teɛfi so brɔhye
....
escobilla para el cuarto de baño

brɔhye a yɛde twitwiri see
....
cepillo de dientes

aduro a yɛde twitwiri see
....
pasta dentífrica

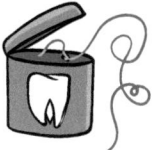

yɛde yiyi ɛsee mu
....
seda dental

si
....
lavar

hyawa a yɛsɔ mu
....
ducha teléfono

paipo a yɛde hohoro
ananmu
ducha higiénica

bokiti
....
cuenco

brɔhye a wode dware w'akyi
....
cepillo para la espalda

samena
....
jabón

hyawa samena
....
gel de ducha

nsuo samena
....
champú

flanɛl ntoma
....
manopla para baño

baabi a nsu fa pue
....
desagüe

nku
....
crema

yɛde fefa amotoamu
....
desodorante

ahwehwɛ

espejo

ahwehwɛ a yɛsɔ mu

espejo de maquillaje

bled

máquina de afeitar

ahuro a yɛde yi nwi

espuma de afeitar

aduro a yɛde fefa baabi a
wo ayi nwi

loción para después del
afeitado

afen

peine

brɔhye

cepillo

afidie a ɛwo nwi

secador para cabello

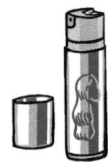

enwi sopre

laca de peinado

pɔns

maquillaje

lipstike

lápiz labial

penti a yɛde mɔreɛ so

laca para uñas

asaawa

algodón

apasoɔ a etwa mmɔreɛ

tijera para uñas

aduhwam

perfume

adwareɛ baage

neceser

edwa

taburete

skele

balanza

adwereɛ ataadeɛ

bata de baño

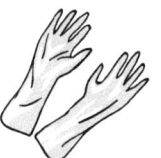

rɔba a yɛde hyɛ nsa ho

guantes de goma

tampon

tampón

abɛɛfo amonsen

compresa

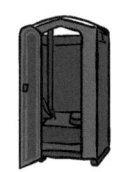

teɛfi a aduro gum

wáter químico

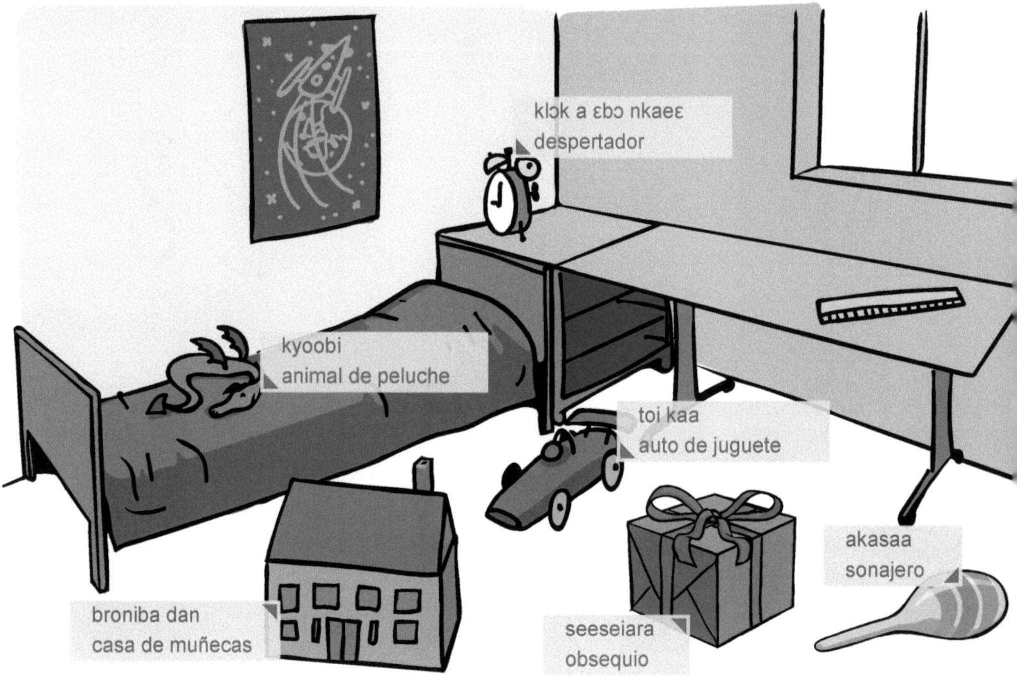
klɔk a ɛbɔ nkaeɛ
despertador
kyoobi
animal de peluche
toi kaa
auto de juguete
akasaa
sonajero
broniba dan
casa de muñecas
seeseiara
obsequio

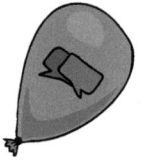

baaluu

globo

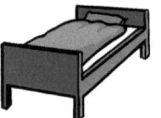

mpa

cama

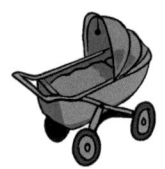

nkwadaa kaa

cochecito para niños

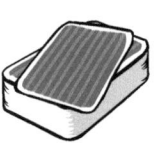

sopaa

juego de barajas

gyiksɔɔ

rompecabezas

SUPER
MEGA

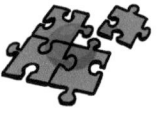

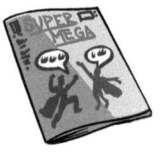

nsɛnkwa

cómic

lego blɔg

piezas de Lego

blɔg a yɛde si dan

bloques para jugar

nnipa ɔbɔhye

figura de acción

abɔdoma ataadeɛ

pijama de una pieza

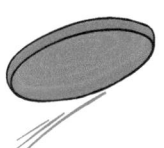

frisbee

frisbee

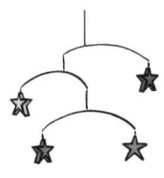

mobail

móvil

ponoso agodie

juego de mesa

daahye

dado

nkwadaa keteke

tren eléctrico a escala

koliko

chupete

apontoɔ

fiesta

nfonin nwoma

libro de dibujos

bɔɔlo

pelota

broniba

títere

di agorɔ

jugar

anwea adaka
arenero

adonko
columpio

tois
juguetes

video agodie apaawa
consola de videojuego

sakre a ne nan meɛnsa
triciclo

kyoobi
osito de peluche

wɔdropo
guardarropa

ntaadeɛ
vestimenta

sɔks
calcetines

stokens
medias

sekentait
panti

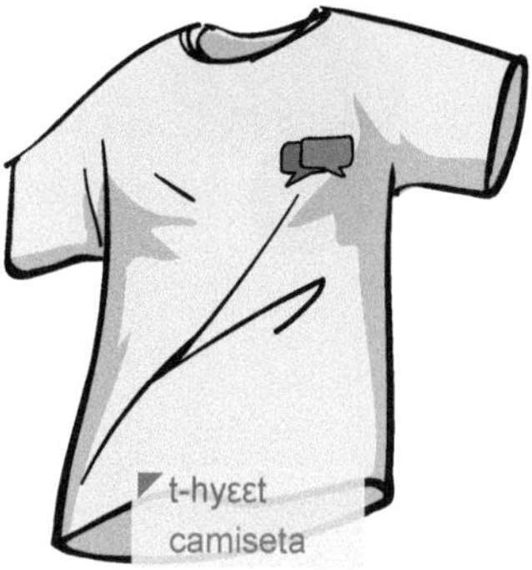

duku
chal

bɛlɛte
cinturón

kyinieɛ
paraguas

t-hyɛɛt
camiseta

kamboo
deportivas

mpaboa
botas

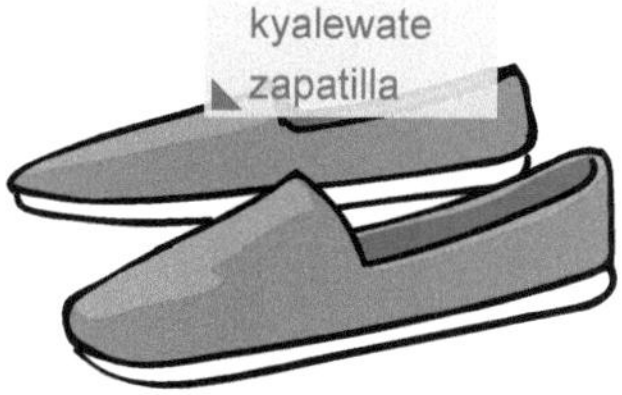

kyalewate
zapatilla

asopatre
sandalias

mpoboa
zapatos

rɔba mpaboa
botas de goma

ɛtam
ropa interior

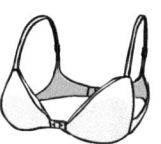

bra
corpiño

singlɛte
camiseta

nipadua

body

trɔsa

pantalón

gyins

jeans

sekɛɛt

falda

ɛsoro ataadeɛ

blusa

hyɛɛte

camisa

nkatoho a ɛko awɔ

pullover

hoodie

sweater

koot

blazer

nkatasoɔ

chaqueta

nkatasoɔ

abrigo

nsutɔ mu nkataho

impermeable

dwumadie bi ho ataadeɛ

traje chaqueta

mmaa atadeɛ

vestido

ayefrɔ ataadeɛ

vestido de bodas

kootu

traje

mmaa ataadeɛ a yɛde da

camisón

pigyamas ataadeɛ

pijama

sari

sari

duku

pañuelo de cabeza

abotire

turbante

burka

burka

kaftan

caftán

nkramofoɔ mmaa atadeɛ

abaya

ataadeɛ a yɛde dware nsuo

traje de baño

asenemu ataadeɛ

bañador

nika

shorts

agokansie ntaadeɛ

chándal

akatasoɔ

delantal

nsa nkataho

guante

bɔtom

botón

sopɛɛse

gafa

ahwneɛ

brazalete

komadeɛ

cadena

kawa

anillo

asomadeɛ

aro

ɛkyɛ

gorra

yɛde koot sɛn so

percha

ɛkyɛ

sombrero

abɔmene mu

corbata

zip

cierre a cremallera

ɛkyɛ denden

casco

bresis

tiradores

sukuu ataadeɛ

uniforme escolar

adwuma ataadeɛ

uniforme

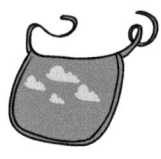

mmɔfra bib

babero

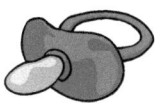

koliko

chupete

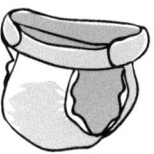

nkwadaa napken

pañal

asoeɛ

oficina

sɛɛva
servidor
kabenɛt
archivador
printa
impresora
krataa
papel
monita
monitor
Maws
ratón
ɛpono a yɛyɛ so adwuma
escritorio
nhyemu
carpeta
ntwerɛɛɛ pono
teclado
a yɛde krataa nwura gu mu
de papeles
komputa
ordenador
akonwa
silla

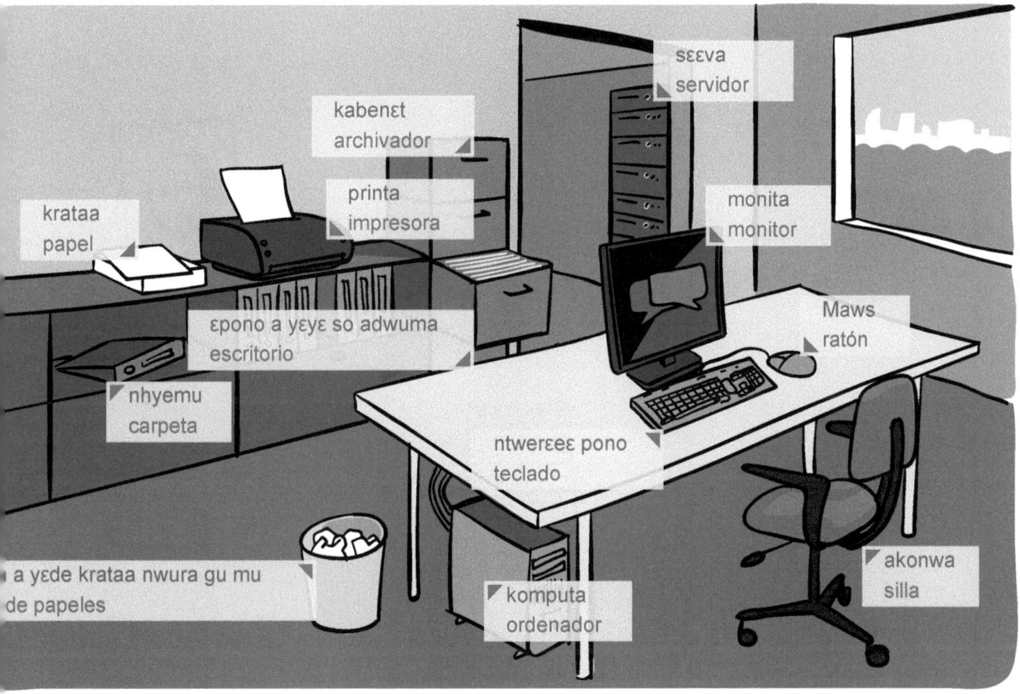

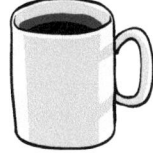

kɔfe kuruwa

taza de café

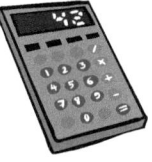

akontabuo fidie

calculadora

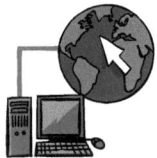

intanɛt

internet

laptop

laptop

lɛta

carta

nkratɔɔ

mensaje

mobail kasafidie

teléfono móvil

nɛtwɛke

red

fotokɔpi

fotocopiadora

softwɛɛ

software

tetefon

teléfono

sɔkɛt

tomacorriente

faks afidie

máquina de fax

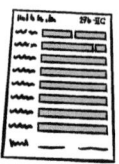

katraa

formulario

nkrataa

documento

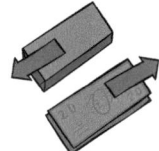

tɔ

comprar

tua

pagar

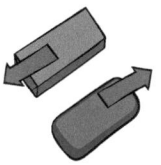

di dwa

comerciar

sika

dinero

 **USD**

dollar

dólar

 **EUR**

euro

euro

 **JPY**

yen

yen

 **RUB**

rubel

rublo

 **CHF**

Swiss franks

franco

 **CNY**

renminbi yuan

renminbi

 **INR**

rupii

rupia

baabi yɛtua sika

cajero automático

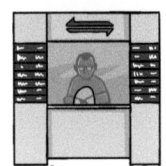

baabi a yɛ sesa sika

casa de cambio

sika kɔkɔɔ

oro

dwetɛ

plata

now

petróleo

ahoɔden

energía

ne boɔ

precio

kontragye

contrato

ɛtoɔ

impuesto

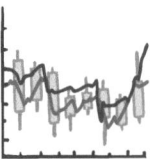

stɔk

acción

adwuma

trabajar

adwumayɛni

empleado

adwumawura

empleador

mfididwuma mu

fábrica

sotɔɔ

negocio

nwuma ahodoɔ
ocupaciones

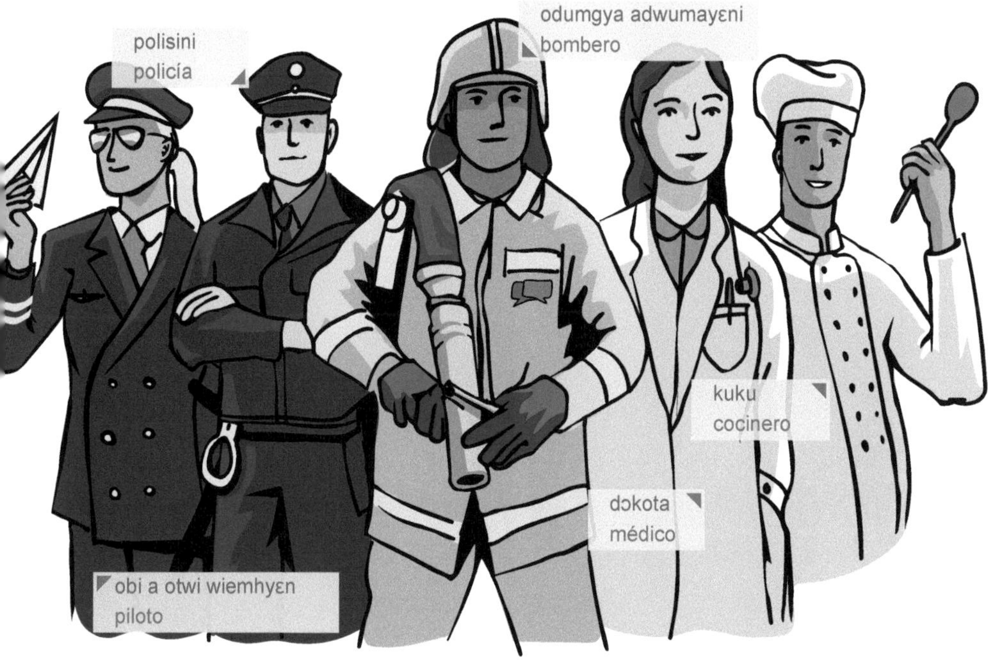
polisini
policía
odumgya adwumayɛni
bombero
kuku
cocinero
dɔkota
médico
obi a otwi wiemhyɛn
piloto

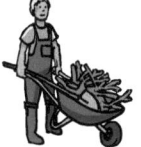

ɔyɛ afuo

jardinero

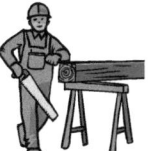

dua dwomfoɔ

carpintero

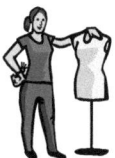

adepani baa

costurera

atɛnmuafoɔ

juez

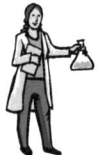

ɔtɔn nnuro

químico

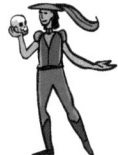

sini yɛfoɔ

actor

bɔs drɔba
....
conductor de autobús

taisi drɔba
....
taxista

ɔpofoɔ
....
pescador

ɔbaa a osiesie fie
....
mujer de la limpieza

ɔbɔdanso
....
techista

ɔsom adidieɛ
....
camarero

bɔmɔfoɔ
....
cazador

penta
....
pintor

ɔto paano
....
panadero

ɔyɛ nkaneɛ ho adwuma
....
electricista

ɔdansifoɔ
....
albañil

inginia
....
ingeniero

ɔdwa nam
....
carnicero

plɔmba
....
fontanero

krataa manefoɔ
....
cartero

sogyani

soldado

ɔdwi adan

arquitecto

ɔgyegye sika

cajero

ɔtɔn nhwiren

florista

ɔyɛ tire

peluquero

meeti

cobrador

fitani

mecánico

nnipa a otwi suhyɛn

capitán

ɛsee dɔkota

odontólogo

abɔdeɛ mu nimdefoɔ

científico

rabi

rabino

kramo panin

imam

ɔsɔfo

monje

osɔfo

párroco

anwenade
herramientas

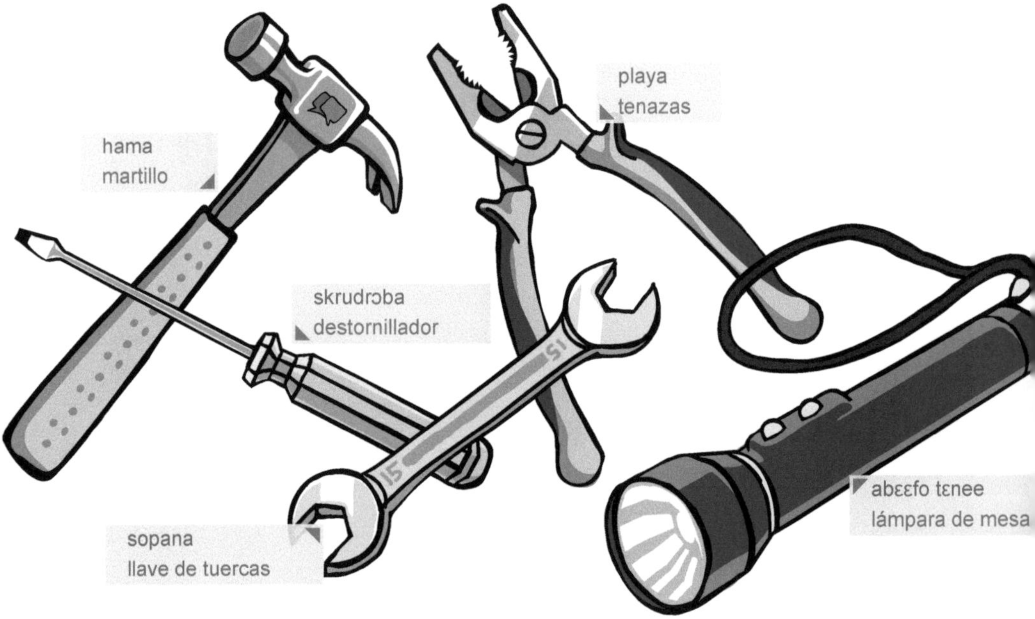

hama
martillo
playa
tenazas
skrudrɔba
destornillador
sopana
llave de tuercas
abɛɛfo tɛnee
lámpara de mesa

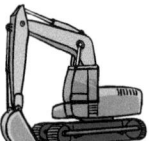

otu amena

excavadora

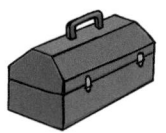

anwenade adaka

caja de herramientas

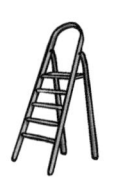

atwedeɛ

escalerilla

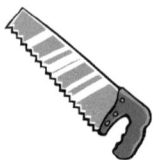

asradaa

serrucho

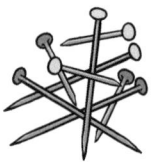

nnadewa

clavos

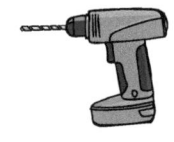

afidie a yɛde bɔne tokro

taladro

siesie
....
reparar

sofi
....
pala

Ebei!
....
¡Maldición!

asanwura
....
recogedor

penti kukuo
....
lata de pintura

skruu
....
tornillos

nneɛma a yɛde bɔ nwom
instrumentos musicales

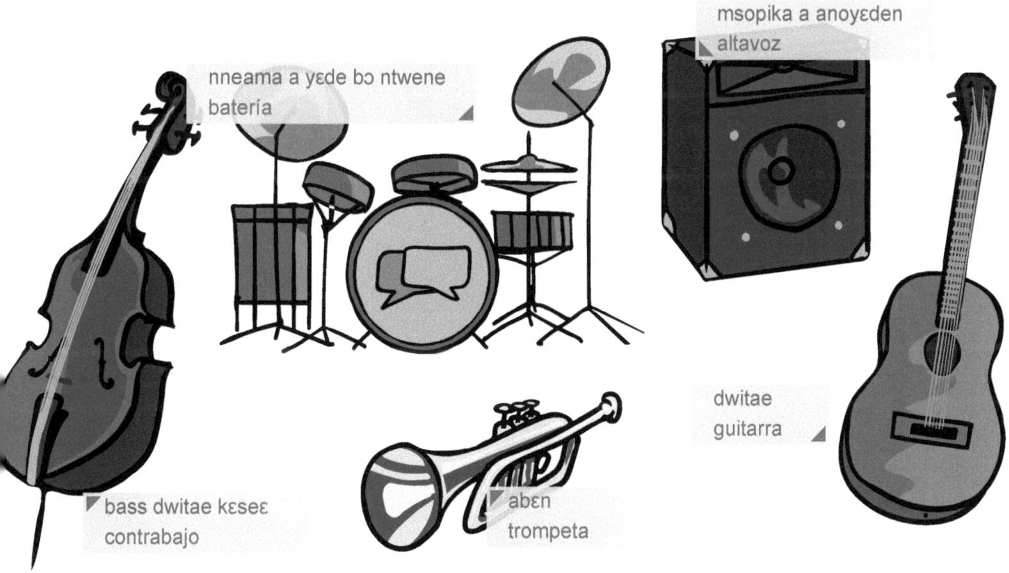

msopika a anoyɛden
altavoz

nneama a yɛde bɔ ntwene
batería

dwitae
guitarra

bass dwitae kɛseɛ
contrabajo

abɛn
trompeta

sankuo

piano

ahoma sankuo

violín

bass dwitae

bajo

atumpan

timbales

ntwene

tambor

ntwerɛeɛ apa

teclado

saksofon

saxofón

atentenbɛn

flauta

maikrofon

micrófono

zoo

zoológico

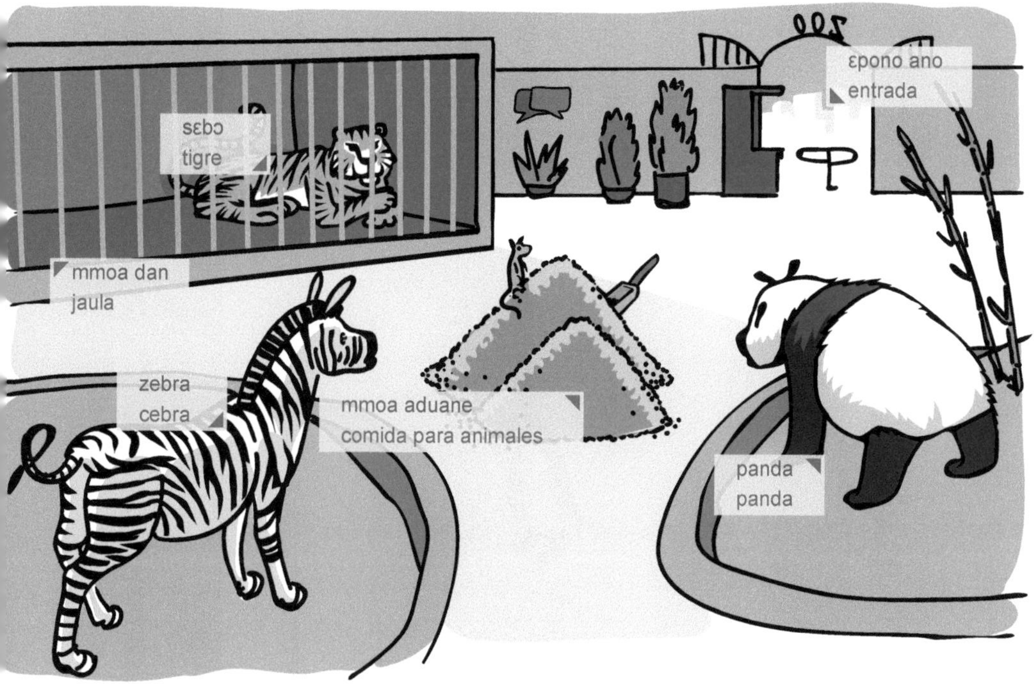

ɛpono ano
entrada
sɛbɔ
tigre
mmoa dan
jaula
zebra
cebra
mmoa aduane
comida para animales
panda
panda

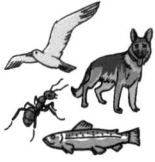

mmoa
animales

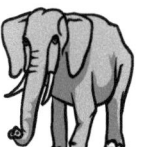

ɔsono
elefante

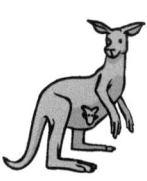

kangaru
canguro

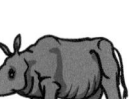

raino
rinoceronte

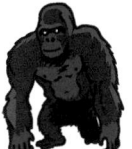

akatea
gorila

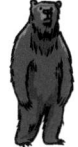

sisire
oso

afunupɔnkɔ

camello

sohori

avestruz

gyata

león

adwee

mono

flamingo

flamengo

ako

papagayo

awɔ mu sisire

oso polar

penguin

pingüino

oboodede

tiburón

akɔkonini abankwa

pavo real

wɔwɔ

serpiente

dɛnkyɛm

cocodrilo

nnipa ɛhwɛ zoo so

cuidador del zoológico

nsuo mu gyata

foca

sebɔ

jaguar

pɔnkɔ ba

pony

etwie

leopardo

susuono

hipopótamo

kɔntenten

jirafa

ɔkɔdeɛ

águila

kɔkɔte

jabalí

apataa

pescado

sudandan

tortuga

walrus

morsa

sakraman

zorro

ɔtwee

gacela

Amerikafɔɔ futbɔɔlo
fútbol americano

skre twie
ciclismo

tennis
tenis

basketbɔɔlo
baloncesto

nsuom adwareɛ
natación

akutruku
boxeo

asukɔkyea so hɔki
hockey sobre hielo

futbɔl
fútbol

badmintin
badminton

mirikatuo
atletismo

bɔɔlo a yɛde nsa bɔ
balonmano

skii
esquí

polo
polo

huri
saltar

bam
abrazar

sere
reír

nante
caminar

to dwom
cantar

so daeɛ
soñar

bɔ mpaeɛ
rezar

fe ano
besar

twerɛ	dwi	kyerɛ
escribir	dibujar	mostrar
pia	ma	fa
presionar	dar	tomar

nya

tener

yɛ

hacer

yɛ

ser

gyina

estar de pie

tu mirika

correr

twe

tirar

to

arrojar

tɔ fam

caer

da hɔ

estar acostado

twɛn

esperar

soa

llevar

tenase

estar sentado

hyɛ ataadeɛ

vestirse

da

dormir

nyane

despertar

hwɛ

mirar

su

llorar

san ho

acariciar

nunum

peinarse

kasa

conversar

te aseɛ

entender

bisa

preguntar

tie

oír

nom

beber

didi

comer

yɛ nsiesie

asear

ɔdɔ

amar

noa

cocinar

twi

conducir

tu

volar

fa nsuo so

navegar

sese

calcular

kenkan

leer

sua

aprender

adwuma

trabajar

ware

casarse

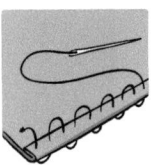

pam

coser

twitwiri wo se

limpiarse los dientes

kum

matar

nom gyɔt

fumar

mane

enviar

abusua
familia

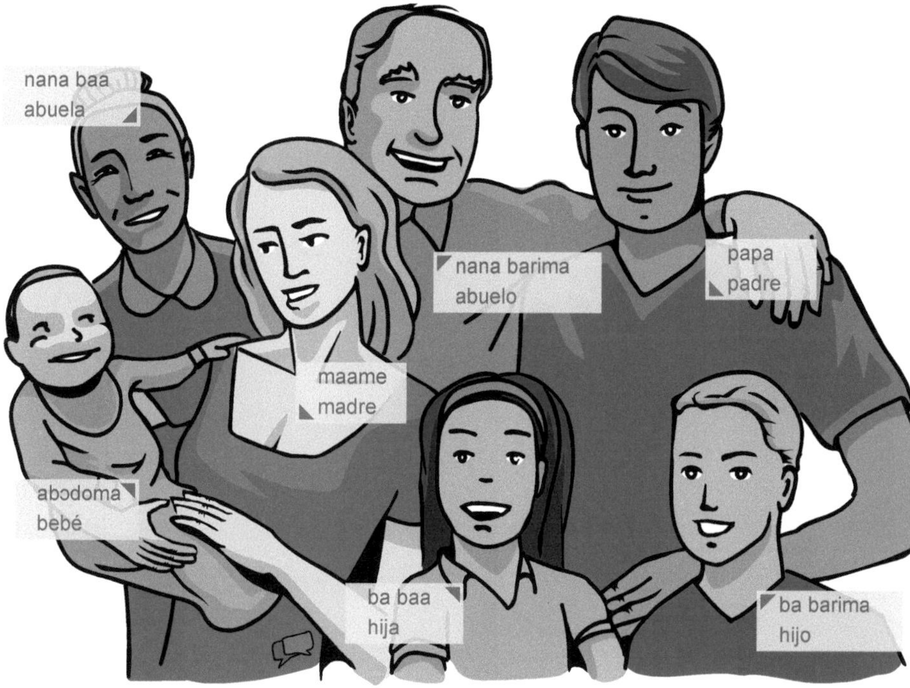

nana baa
abuela
nana barima
abuelo
papa
padre
maame
madre
abɔdoma
bebé
ba baa
hija
ba barima
hijo

ɔhɔhoɔ

invitado

sewaa

tía

wɔfa

tío

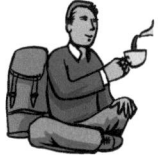

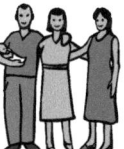

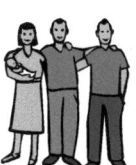

nua barima

hermano

nua baa

hermana

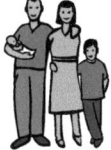

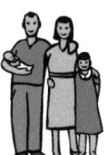

nipadua

cuerpo

moma
frente
ani
ojo
anim
cara
apantan
barbilla
nufoɔ
pecho
nsatea
dedo
nsa
mano
nsa
brazo
abɛtire
hombro
ɛnan
pierna

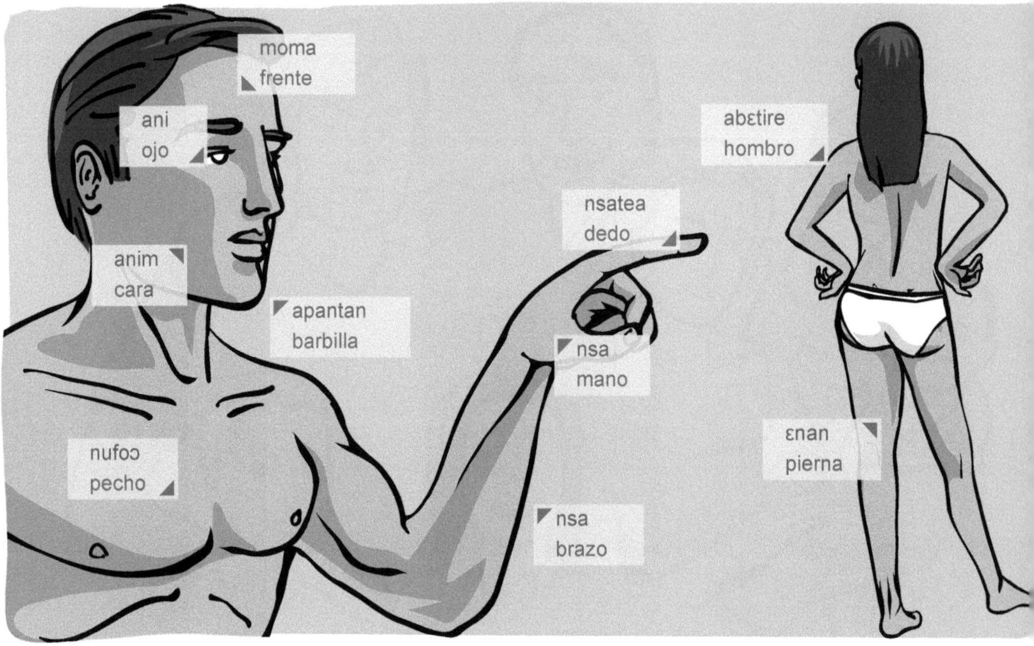

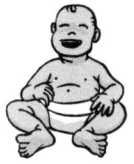

abɔdoma

bebé

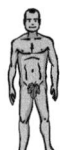

barima

hombre

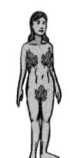

ɔbaa

mujer

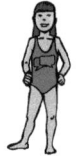

abayewa

muchacha

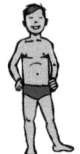

abarimawa

joven

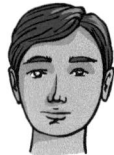

etire

cabeza

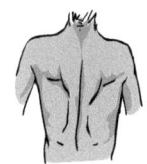

akyi
....
espalda

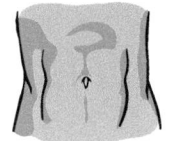

afro
....
vientre

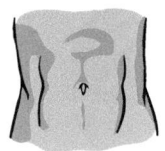

fruma
....
ombligo

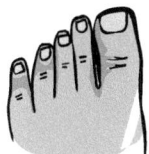

nansoa
....
dedo del pie

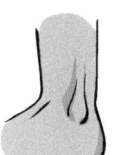

nantini
....
talón

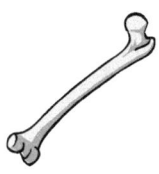

dompe
....
hueso

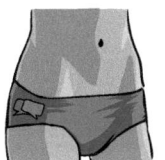

ataasɔɔ
....
cadera

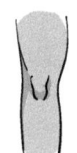

kotodwe
....
rodilla

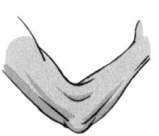

abatwɛ
....
codo

ɛhwene
....
nariz

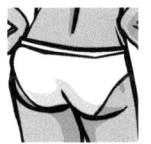

cotɔ
....
trasero

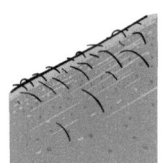

wedeɛ
....
piel

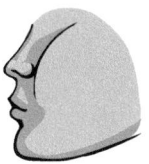

afono
....
mejilla

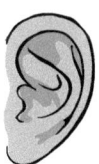

aso
....
oreja

ano
....
labio

anom

boca

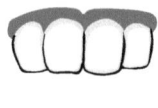

ɛsee

diente

tɛkyerɛma

lengua

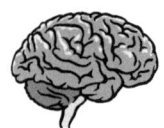

adwene

cerebro

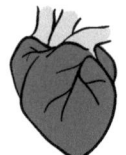

akoma

corazón

ntini

músculo

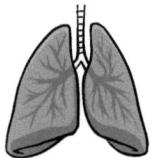

aharawa

pulmón

brɛbɔɔ

hígado

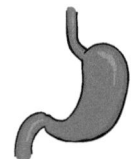

yafunu

estómago

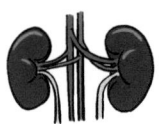

asaa

riñones

nna

relación sexual

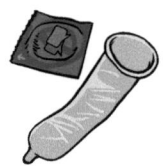

kɔndɔm

condón

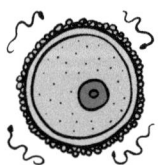

ɔbaa nkosua

Óvulo

barima ho nsuo

esperma

nyinsɛn

embarazo

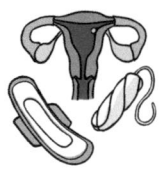

nsabuo
....
menstruación

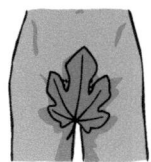

ɛtwɛ
....
vagina

kɔteɛ
....
pene

anintɔn
....
ceja

enwin
....
cabello

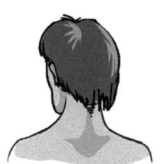

ɛkɔn
....
cuello

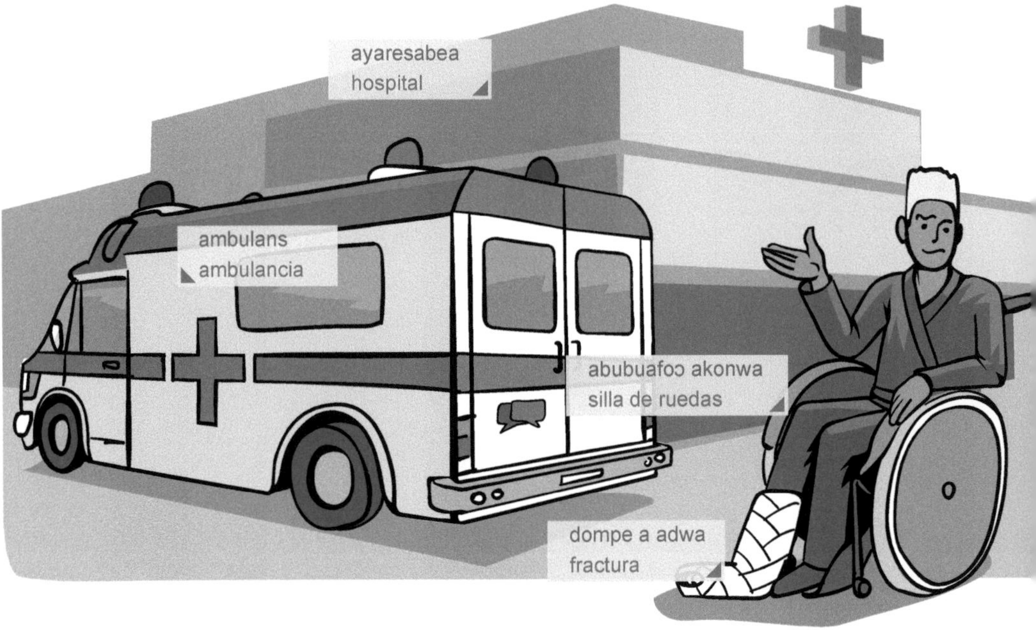

ayaresabea
hospital

ayaresabea
hospital
ambulans
ambulancia
abubuafoɔ akonwa
silla de ruedas
dompe a adwa
fractura

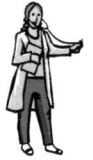

dɔkota

médico

ɛdan a wɔde putupru nsɛm kɔmu

admisión de urgencia

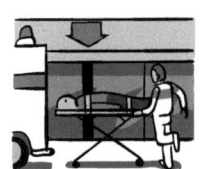

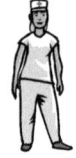

nɛɛse

enfermera

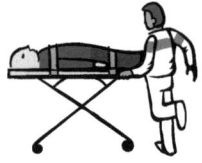

putupru

emergencia

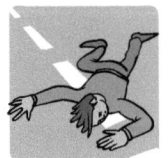

wɔ atwa ahwe

inconsciente

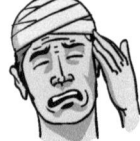

yea

dolor

epira

lesión

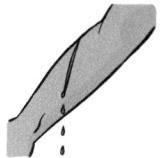

mogyatuo

hemorragia

akoma yarenini

infarto de miocardio

stroke yareɛ

apoplejía cerebral

allegyi

alergia

ɛwa

tos

ahoɔhyeɛ

fiebre

papu

gripe

ayamtuo

diarrea

tipaeɛ

dolor de cabeza

kokoram

cáncer

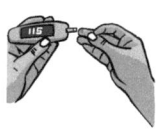

asikyire yareɛ

diabetes

dɔkota a ɛyɛ oprehyɛn

cirujano

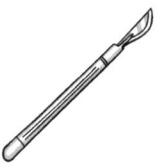

skapɛl sekan

escalpelo

aprehyɛn

operación

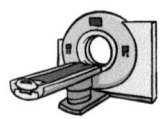

CT

TC

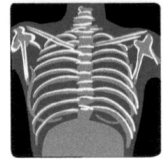

x-ray

rayos X

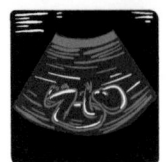

ultrasound

ultrasonido

nkatanim

máscara

yareɛ

enfermedad

ɛdan a wɔ twɛn mu

sala de espera

krɔhyes

muleta

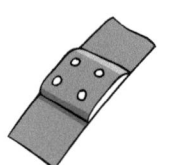

plasta

emplasto

banege

vendaje

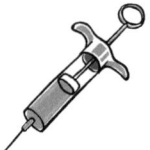

paneɛ

inyección

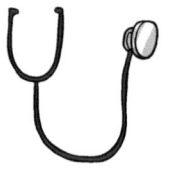

Stetoskop

estetoscopio

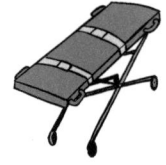

ahomankaa

camilla

afidie a esusu ahoɔhyeɛ

termómetro

awoɔ

nacimiento

kɛseɛ mmorosoɔ

sobrepeso

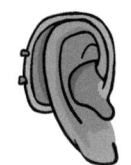

afidie a ɛboa asɛmtie

audífono

aduro a ekum mmoawa

desinfectante

yareɛ a mmoawa deba

infección

vaarɔs

virus

HIV / AIDS

VIH / SIDA

aduro

medicina

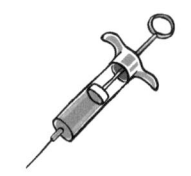

aduro a esi yareɛ ano

vacunación

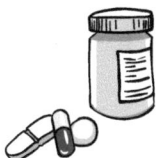

aduro tablɛte

comprimido

topaeɛ

píldora anticonceptiva

ɔfrɛ wɔ putupru so

llamada de emergencia

afidie a esusu mogya mmrosoɔ

medidor de presión arterial

yareɛ / apomuden

enfermo / saludable

Boa me!

¡Ayuda!

kɔkɔbɔ

alarma

ɛborɔ

asalto

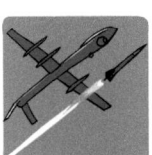

ato ahyɛ obi so

ataque

ɛyɛ hu

peligro

baabi a yɛfa de pue putupru so

salida de emergencia

Ogya!

¡Fuego!

afidie a yɛde dumgya

extintor

nkwanhyia

accidente

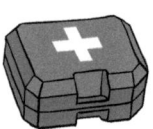

nneɛma yɛde sɔ yareɛ ano

kit de primeros auxilios

SOS

SOS

polisi

Policía

Yuropo

Europa

Amerika atifi

América del Norte

Amerika ananfoɔ

América del Sur

Abiberm

África

Asia

Asia

Australia

Australia

Atlantik

Atlántico

Pasifek

Pacífico

India po kɛseɛ

Océano Índico

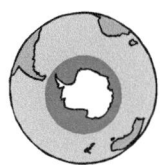

Antaatek po keseɛ

Océano Antártico

Aatek po kɛseɛ

Océano Ártico

Ewiase atifi

Polo Norte

Ewiase anaafɔ
....
Polo Sur

Antaatek
....
Antártida

Ewiase
....
Tierra

asaase
....
país

ɛpo
....
mar

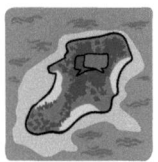

supɔ
....
isla

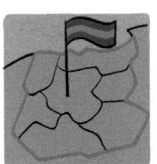

ɔman
....
nación

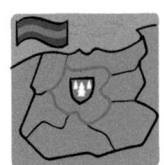

ɔman
....
Estado

kloko no anim

cuadrante

dɔnhwere nsa no

horario

sima nsa

minutero

anitɛtɛ nsa no

segundero

Abɔ sɛn?

¿Qué hora es?

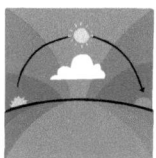

da

día

berɛ

tiempo

seeseiara

ahora

wkye a nɔma wɔ so

reloj digital

sima

minuto

dɔnhwere

hora

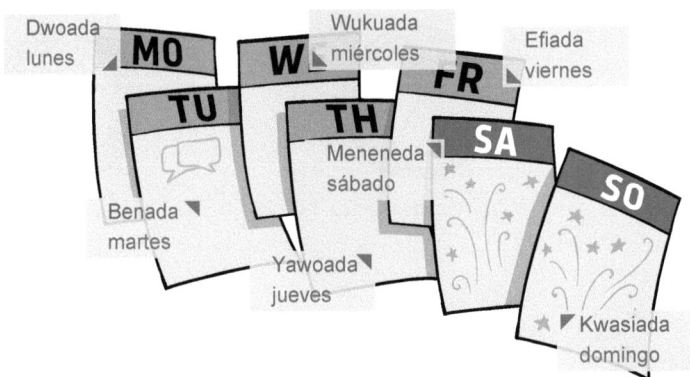

Dwoada / lunes
MO
Benada / martes
TU
Wukuada / miércoles
W
Yawoada / jueves
TH
Efiada / viernes
FR
Meneneda / sábado
SA
Kwasiada / domingo
SO

ɛnora

ayer

ɛnora

hoy

ɔkyina

mañana

anɔpa

mañana

prɛmtobrɛ

mediodía

anwumerɛ

tarde

adwuma nna

jornada de trabajo

nnawɔtwe awieɛ

fin de semana

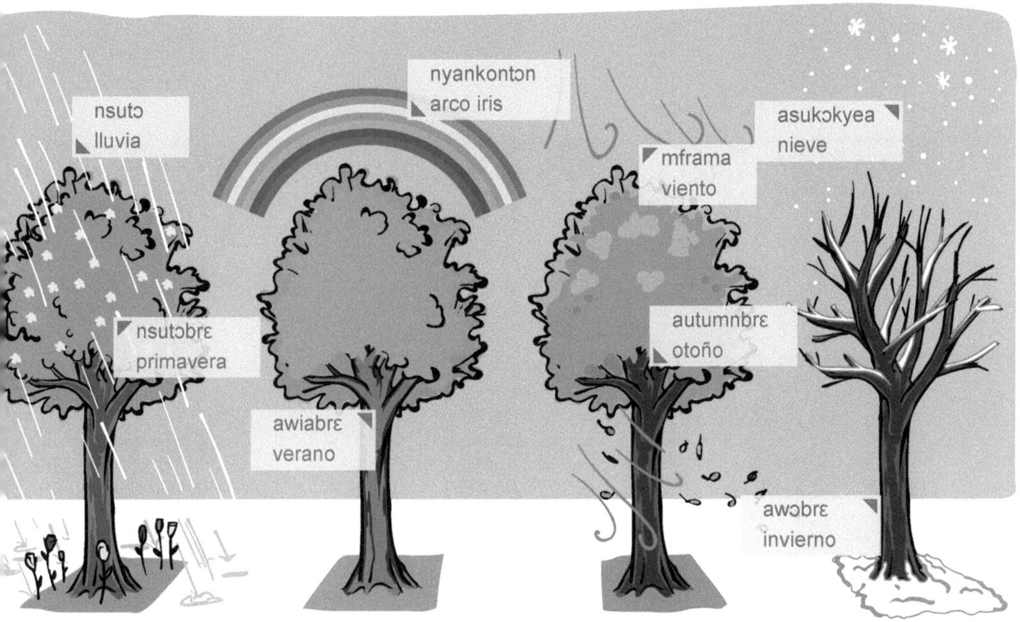

nyankontɔn
arco iris

nsutɔ
lluvia

asukɔkyea
nieve

mframa
viento

nsutɔbrɛ
primavera

autumnbrɛ
otoño

awiabrɛ
verano

awɔbrɛ
invierno

ewiem nsakrɛeɛ

pronóstico meteorológico

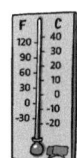

afidie a esusu ade ho hyeɛ

termómetro

awiabɔ

luz solar

munukum

nube

ɛbɔ

niebla

ewiem nsuo

humedad ambiente

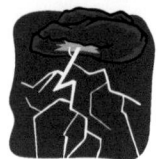

ayerɛmo

relámpago

apranaa

trueno

ehum

tormenta

asukɔkyea

granizo

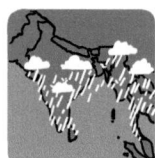

monsoonbrɛ

monzón

nsuyiri

inundación

aise

hielo

ɔpɛpɔn

enero

ɔgyefoɔ

febrero

ɔbɛnem

marzo

Oforisuo

abril

Kotonimaa

mayo

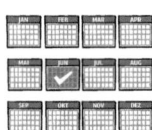

Ayɛwohomumu

junio

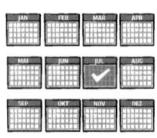

Kitawonsa

julio

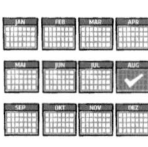

ɔsanaa

agosto

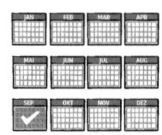

ɛbɔ
....
septiembre

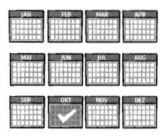

Ahinime
....
octubre

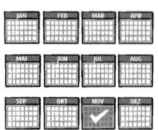

Obubuo
....
noviembre

ɔpɛnimaa
....
diciembre

abosuo
formas

kanko
....
círculo

sokwɛɛ
....
cuadrado

rɛktangel
....
rectángulo

triangel
....
triángulo

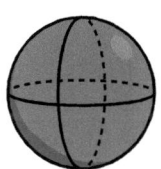

krukruwa
....
esfera

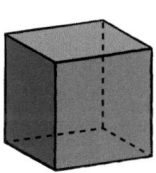

adaka
....
cubo

fitaa

blanco

akokɔ sradeɛ

amarillo

ankaa

anaranjado

pink

rosa

kɔkɔɔ

rojo

pɛpol

lila

bruu

azul

ahaban mono

verde

braun

marrón

nson

gris

tuntum

negro

pii / ketewa

mucho / poco

wo boafu / wɔ adwo

enojado / calmado

ɛyɛ fɛ / ɛyɛ tan

bonito / feo

ahyɛseɛ / awieɛ

comienzo / fin

kɛseɛ / esua

grande / pequeño

ɛha / esum

claro / oscuro

nuabarima / nuabaa

hermano / hermana

ɛho te / ayɛ fin

limpio / sucio

awie / enwieɛ

completo / incompleto

awia / anadwo

día / noche

awu / ɛte ase

muerto / vivo

emubae / ɛyɛ tea

ancho / angosto

yɛde /yɛnni

disfrutable / no disfrutable

bɔne / tema

malo / amigable

wɔ aniagye / wɔ ani nka

excitado / aburrido

ɔso / teatea

gordo / delgado

edikan / etwatoɔ

primero / último

adamfoɔ / atamfo

amigo / enemigo

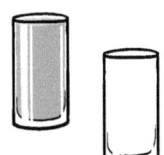

ayɛ mma / hwee nim

lleno / vacío

ɛdenden / mmerɛ mmerɛ

duro / suave

ɛyɛ duru / ɛyɛ ha

pesado / liviano

ɛkɔm / nsukɔm

hambre / sed

yareɛ / apomuden

enfermo / saludable

etia mmara / ɛwɔ mmara mu

ilegal / legal

nyansa / gyimi

inteligente / tonto

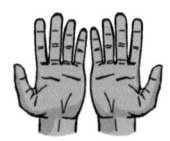

benkum / nifa

izquierda / derecha

ɛbɛn / akyire

cercano / lejano

foforɔ / dada
nuevo / usado

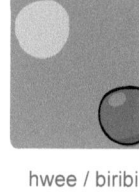

hwee / biribi
nada / algo

wɔ anyini/ ɔsua
viejo / joven

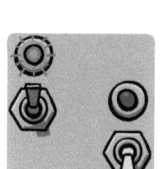

sɔ /dum
encendido / apagado

bue / tom
abierto / cerrado

dinn / dede
bajo / fuerte

ɔdefoɔ / ohia
rico / pobre

nifa / benkum
correcto / incorrecto

werewerɛwerewerɛ /
trontronˈ
áspero / liso

awerɛhoɔ / anigyeɛ
triste / alegre

tietia / tenten
breve / extenso

nyaa / ntɛm
lento / veloz

afɔ / awɔ
mojado / seco

dedɛɛdeɛɛ / adwo
caliente / frío

akoo / asomdweɛ
guerra / paz

0

hwee

cero

1

baako

uno

2

mienu

dos

3

meɛnsa

tres

4

ɛnan

cuatro

5

enum

cinco

6

nsia

seis

7

nson

siete

8

nwɔtwe

ocho

9

nkron

nueve

10

edu

diez

11

du-baako

once

12

du-mienu

doce

13

du-meɛnsa

trece

14

du-nan

catorce

15

du-num

quince

16

du-nsia

dieciséis

17

de-nson

diecisiete

18

du-nwɔtwe

dieciocho

19

du-nkron

diecinueve

20

aduonu

veinte

100

ɔha

cien

1.000

apem

mil

1.000.000

ɔpepem

millón

Brɔfo
inglés

Amerikafoɔ Brɔfo
inglés estadounidense

Chainfoɔ Mandarin
chino mandarín

Hindi
hindi

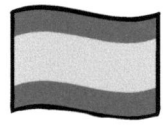

Spainfoɔ kasa
español

French kasa
francés

Arabia kasa
árabe

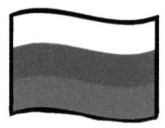

Russianfoɔ kasa
ruso

Portugalfoɔ kasa
portugués

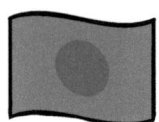

Bengali
bengalí

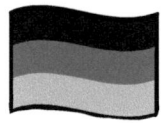

Germanfoɔ kasa
alemán

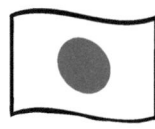

Japanfoɔ kasa
japonés

Me
yo

wo
tú

ono
él / ella

yɛn
nosotros

wo
vosotros

ɔmmo
ellos

hwan?
¿quién?

deɛ bɛn?
¿qué?

ɛyɛ deɛn?
¿cómo?

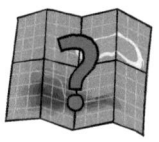

ehen?
¿dónde?

dabɛn?
¿cuándo?

edin
nombre

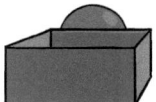

akyire

detrás

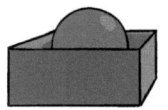

emu

en

anim

delante de

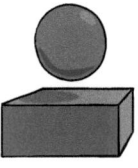

εsoro

encima de

εso

sobre

aseε

debajo de

nkyεn

junto a

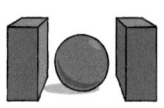

ntεm

entre

beaε

lugar